BEI GRIN MACHT SICH IHR WISSEN BEZAHLT

AF167834

- Wir veröffentlichen Ihre Hausarbeit, Bachelor- und Masterarbeit

- Ihr eigenes eBook und Buch - weltweit in allen wichtigen Shops

- Verdienen Sie an jedem Verkauf

Jetzt bei www.GRIN.com hochladen und kostenlos publizieren

"Canción del pirata". Analyse der romantischen Merkmale in José de Esproncedas Gedicht

Vesile Güner

Bibliografische Information der Deutschen Nationalbibliothek:

Die Deutsche Nationalbibliothek verzeichnet diese Publikation in der Deutschen Nationalbibliografie; detaillierte bibliografische Daten sind im Internet über http://dnb.d-nb.de abrufbar.

ISBN: 9783346335715
Dieses Buch ist auch als E-Book erhältlich.

© GRIN Publishing GmbH
Nymphenburger Straße 86
80636 München

Druck und Bindung: Books on Demand GmbH, Norderstedt Germany
Gedruckt auf säurefreiem Papier aus verantwortungsvollen Quellen

Das Buch bei GRIN: https://www.grin.com/document/980709

Fakultät der Geisteswissenschaften
Seminar: Lyrik der spanischen Romantik
Semester: Sommersemester 2020

Canción del pirata

(Welche Merkmale, die charakteristisch für die Epoche der Romanik sind, weist das Gedicht canción del pirata von José de Esproncede auf?)

Vorgelegt von:

Vesile Güner

Gy/Ge Deutsch und Spanisch

1. Einleitung

In Spanien ist die Romantik verglichen mit den anderen Nationalliteraturen auffallend spät entstanden. Verantwortlich für die späte Entwicklung sind politische Gründe und betreffen die repressive Herrschaft von König Ferdinand VII., sodass erst nach seinem Tod im Jahre 1833 die spanische Romantik beginnen konnte (Neuschäfer 2006, S.239).

Die Vergangenheit Spaniens gekennzeichnet durch die schrecklichen Ereignisse des Unabhängigkeitskrieges war dabei nicht spurlos an den romantischen Dichtern vorbeigegangen. Sie nutzten ihre Dichtung als Ausdruck ihrer persönlichen Erfahrung, als Gestaltung intimster Gedanken und vor allem Gefühle. Somit werden für die Dichter der Romantik Stil und Form zum unmittelbaren Ausdruck der eigenen Persönlichkeit und Subjektivität. Das Lebensgefühl der Romantiker der 1830 er Jahre zu denen auch José de Espronceda zählt, ist mit einzelnen Ausnahmen von Frustration, Rebellion und Verzweiflung geprägt. Der typischste Vertreter der rebellischen Romantik ist José de Espronceda und er widmete seine literarische Schöpfung vor allem der Lyrik. In seinen *Canciones*, die im Jahre 1840 veröffentlicht wurden, beschäftigt er sich mit den Protagonisten, die Anti-Helden der zeitgenössischen bürgerlichen Gesellschaft sind (Stanzel 2010, S.202).

Die vorliegende Arbeit befasst sich mit der inhaltlichen sowie stilistischen Analyse des Gedichts *canción del pirata*. Dabei wird untersucht, ob das Gedicht typische Merkmale der spanischen Romantik aufweist. Somit lautet die zentrale Fragestellung dieser Hausarbeit: *Welche Merkmale, die charakteristisch für die Epoche der Romanik sind, weist das Gedicht canción del pirata von José de Esproncede auf?*

Damit dies gelingt, wird zunächst der historische Kontext des 19. Jahrhundert geklärt. Anschließend wird die Epoche der Romantik näher definiert und zentrale Merkmale der spanischen Romantik ausgearbeitet. Daraufhin wird das Leben von José de Espronceda repräsentiert, da selten das Leben sowie Werk eines Dichters schwerer voneinander zu trennen ist als bei ihm. Dann wird der Inhalt des Gedichts dargelegt und hinsichtlich der Fragestellung näher analysiert. Aufbauend darauf wird im nächsten Teilkapitel die metrische Struktur genauer untersucht und für die Romantik charakteristische stilistische Merkmale mithilfe des Gedichts herausgearbeitet. Im letzten Kapitel werden alle wichtigsten Ergebnisse noch einmal zusammengefasst und mit einem Fazit zu der am Anfang gestellten Fragestellung schließt die Arbeit ab.

3

2. Historischer Kontext

Das 19. Jahrhundert beginnt mit der erzwungenen Abdankung Ferdinands VII. zugunsten von Napoleons Bruder Joseph Bonaparte sowie mit der Besatzung Spaniens durch die Franzosen. Diese Umstände lösten unmittelbar am 2. Mai 1808 einen Madrider Volksaufstand aus, welcher nur mit Mühe niedergeschlagen werden konnte. Geiselerschießungen zählten zu den Repressionsmaßnahmen der französischen Truppen und waren zudem das Zeichen für den spanischen Unabhängigkeitskrieg (Stenzel 2010, S.105f.).

Jedoch bildet sich trotz dieser Gemeinsamkeit des Widerstands ein Gegensatz zwischen konservativen und liberalen Bestrebungen heraus, sodass Spanien sich ideologisch endgültig in *Zwei Spanien* (*dos Españas)* spaltet (Neuschäfer 2006, S.232). Im Unabhängigkeitskrieg kann man die zwei Lager der *dos Españas* folgendermaßen charakterisieren:

- Einerseits das aufgeklärte Bürgertum, das vor allem in der Regierungszeit Karls III. selbstbewusst geworden ist und für eine Liberalisierung des Landes kämpft.

- Andererseits die breite Masse des Volkes, die vom Klerus und Teilen des Adels angeführt wird. Deren Streben orientieren sich an traditionellen, politischen und religiösen Idealen und beabsichtigen eine Rekonstruktion der Monarchie der Bourbonen.

Der Sieg im Unabhängigkeitskrieg (1808-1813) und der reformerische Geist der ersten demokratischen Verfassung von Cádiz (1812) befördern zwar zunächst die liberalen Kräfte Spaniens, aber mit der Wiederkehr Fernandos VII. zum Absolutismus sind Liberalismus und Aufklärung vorerst misslungen. Bei seiner Rückkehr nach Spanien wird er vom Volk bejubelt und kann daher problemlos die Verfassung von Cádiz annullieren. Deshalb waren die Jahre zwischen 1813 und 1833 durch die unnachsichtige und oft grausame Verfolgung und Vertreibung der liberalen Intelligenz geprägt. Dies führte dazu, dass viele Liberale ins Exil nach England oder Frankreich flüchten mussten. Erst nach dem Tod Fernandos VII. im Jahre 1833 kehrten viele von ihnen wieder zurück. Doch selbst die Rückkehr der Intellektuellen aus dem Exil kann den Gegensatz der *Zwei Spanien* zwischen den Schriftstellern und der Gesellschaft nicht beheben (Neuschäfer 2006, S.233).

Nach dem Tod Ferdinands VII. beginnt die *Era Isabelina* (1833-1868), die nach Ferdinands Tochter Isabella (1830-1904) benannt ist. Jedoch führt das Benennen seiner Tochter Isabel als seine Nachfolgerin zu einem Thronfolgestreit, der zwischen seinem Bruder Karl und seiner Tochter Isabella stattfindet. Dieser wird im ersten Karlistenkrieg (1833-1839) ausgetragen. Die Zeit der Regentschaft sowie die Regierungszeit Isabellas ist geprägt von einem Wechselspiel zwischen liberalen Initiativen und konservativer Reaktion (Neuschäfer 2006, S.234).

2.1 Die Epoche Romantik in Spanien

Die Romantik ist eine literarische Strömung, die sich in allen europäischen Literaturen etwa in der Zeit zwischen der Französischen Revolution und der Mitte des 19. Jahrhunderts entwickelt. Jedoch beginnt die Romantik in Spanien aus politischen Gründen wie bereits im vorherigen Kapitel aufgeführt gegenüber dem Rest Europas relativ spät.

Aufgrund der schrecklichen Ereignisse des Unabhängigkeitskrieges bis zu den bürgerkriegsartigen Auseinandersetzungen der folgenden Jahrzehnte ist das Lebensgefühl der Romantiker der 1830 er Jahren von Rebellion, Frustration und Verzweiflung geprägt. Daher wird die Epoche der Romantik von Stanzel angemessen folgendermaßen definiert:

> „Epochenbezeichnung für eine relativ heterogene geistige und ästhetische Bewegung, die sich vom Rationalismus und Klassizismus der Aufklärung abwandte und eine individualistische, gefühlsbetonte sowie von Weltschmerz und Bruch mit der Gesellschaft geprägte Literatur hervorbrachte, die sich in Spanien eine rückwärtsgerichtete und vergangenheitsorientierte sowie progressive und gesellschaftskritische Tendenz aufspaltete" (Stenzel 2010, S.202).

Nach der ideologischen Perspektive lässt sich die rückwärtsgerichtete Ausrichtung in die Anfangsphase im ersten Drittel des Jahrhunderts einordnen, wohingegen die progressive Ausrichtung sich erst ab 1833 entwickelt, als die ins Exil gezwungenen Liberalen, die eigentlichen Träger der Romantik, nach dem Tod Ferdinands VII. aus dem englischen oder französischen Exil nach Spanien zurückkehren. Ein Grundzug der spanischen Romantik ist die Wendung gegen die neoklassizistische Regel- und Ordnungsästhetik (Stenzel 2010, S.204).

3. José de Espronceda

José de Espronceda (1808-1842) war Zeitgenosse der Epoche Romantik und wird rückblickend als größter romantischer Lyriker Spaniens bezeichnet (Kreutzer 1991, S.25).

Espronceda wurde als Sohn eines Offiziers der Kavallerie im Schlüsseljahr 1808 in Almendralejo einer Stadt in der spanischen Provinz Badajoz geboren (Neuschäfer 2011, S.106f.). Aufgrund seines familiären Hintergrunds gehörte er dem begüterten Mittelstand Spaniens an. Espronceda wurde im renommierten Madrider Colegio San Mateo, welches von Alberto Lista geleitet wurde, erzogen. Bereits mit jungen Jahren geriet er in Konflikt mit dem Gesetz und der Politik, unter anderem durch den Beitritt zum Geheimbund *Los Numantinos* (Lope 1991, S.290), sodass es zu einem Arrest im Kloster San Francisco in Guadalajara kommt. Während seines Arrests begann er sein Werk *El Pelayo* zu schreiben. Schließlich emigrierte er im Jahre 1827 aufgrund der Konfrontationen mit Politik und Gesetz sowie seine despektierliche Haltung gegenüber der Herrschaft Ferdinand VII. und hielt sich in Lissabon auf. Dort machte er Bekanntschaft mit Teresa Mancha und verliebte sich in sie. Allerdings verblieb er dort nicht dauerhaft und setzte seine Reise nach London fort und verweilte zudem in Brüssel und Paris, wo er 1830 an der Julirevolution teilnahm. Im Jahre 1833 kehrte er schließlich zusammen mit Teresa, die in der Zwischenzeit den Kaufmann Guillermo del Amo in London geheiratet hatte, in sein Heimatland Spanien zurück. Jedoch verließ Teresa ihn im Jahr 1836 und starb kurze Zeit später an Tuberkulose. Nach seiner Rückkehr hatte er wichtige Ämter inne, wie die Position des Gesandtschaftssekretärs in den Haag sowie die des Abgeordneten in Almería (Neuschäfer 2011, S.106). Zudem verübte er die Arbeit als Journalist und gründete die Zeitschrift *El Siglo*, die jedoch nicht von der Zensur verschont blieb. Espronceda setzte sich nach der Rückkehr aus dem Exil erst recht für Freiheit, Gleichheit und Brüderlichkeit in seinem Heimatland ein (Antón Andrés 1961, S.73).

Das Leben sowie die Werke Esproncedas wurden aufs engste miteinander verbunden und in wechselseitige Beziehung zueinander gebracht, denn man kannte einerseits sein wechselvolles, rebellisches, protestierendes sowie alle Konventionen durchbrechendes Leben und andererseits seine vielseitigen Werke mit Texten voller Aufbegehren, rebellischen Protagonisten, die gleichfalls alle sozialen Schranken und Konventionen verlachen, verachten und durchbrechen. Espronceda starb bereits in jungen Jahren und zwar mit 34 Jahren aufgrund einer Infektionskrankheit in Madrid (Stenzel 2010, S.209).

4. Canción del pirata

Das *Lied des Piraten* ist das bekannteste Gedicht von Esproncedas fünf *canciones*, in denen die Außenseiter der bürgerlichen Gesellschaft die Rolle des Protagonisten vertreten und somit das romantische Lebensgefühl seiner Zeit und den Bruch zwischen Gesellschaft und Dichter präsentieren. Am 25. Januar 1835 wird das Gedicht in der literarischen Zeitung *El Artista* abgedruckt und bewirkt, dass Espronceda zu einem der bekanntesten Dichter seiner Zeit wird. Das Gedicht wurde im Jahre 1840 mit vier weiteren Gedichten in einem Gesamtwerk, den Canciones, veröffentlicht. Zu diesem Werk zählen die die Dichtungen: *El canto del cosaco, el mendigo, el reo de muerte* und *el verdugo* (Neuschäfer 2011, S.108f.).

4.1 Inhaltsangabe sowie eine inhaltliche Analyse

Cancion del pirata ist das weit verbreitetste und berühmteste Gedicht in Spanien und gehört zu denjenigen Gedichten, die noch bis heute auswendig vorgetragen werden können (Neuschäfer 2011, S.108).

Mit einem Bild eines Piratenschiffs (V.5 *„bajel pirata que llaman")*[1] beginnt die erste Strophe des Gedichts. Das Schiff ruht sich nicht auf dem Meer aus, sondern gleitet (V.3 *„no corta el mar sino vuelta")* durch das windbedingte stürmische Meer. Dabei lässt der Dichter durch seine effiziente Wortwahl das Sausen des Windes dem Leser spüren (V.2 *„viento en popa, a toda vela")*.

In der zweiten Strophe tritt der Protagonist des Gedichts, nämlich der Kapitän in Erscheinung (V.13 *„y ve el capitán pirata")*. Der singende Kapitän befindet sich auf dem Heck und ist von dem heulenden Wind, dem hellen Mondschein sowie den Wellen umgeben (vgl. V.9-12). Weit entfernt vom Festland befindet sich der Kapitän auf dem weiten Meer zwischen Asien und Europa mit dem Blick auf Istanbul (vgl. V.15f.). Beide Eingangsstrophen sind voller konkreter Sinneseindrücke. Während in den beiden Eingangsstrophen noch in der dritten Person die Rede von dem Protagonisten ist, so kommt der Kapitän in der nächsten Strophe selber zum Wort und beginnt sein Lied zu singen. Somit wird er zum lyrischen Ich des Gedichts. Beide Eingangsstrophen symbolisieren mit dem über das Meer fliegende Piratenschiff und der Figur des Piraten sowohl Freiheit und Unabhängigkeit als auch furchteinflößende Stärke und Macht.

---

[1] Zur detaillierten Herleitung der Verse vgl. Anhang

Die darauffolgenden Strophen stellen den Gesang des lyrischen Ichs dar. Zunächst spricht das lyrische Ich in der dritten Strophe sein Schiff explizit an und will, dass dieses ohne Furcht segelt, da kein Hindernis ihn zum Abweichen seines Kurses bringen kann (vgl. V.17-22). Es hält eine Art Zwiesprache mit seinem Schiff, als ob es ein Teil seiner selbst wäre. In der nächsten Strophe berichtet das lyrische Ich über seine erfolgreichen Beutezüge (vgl. V.23-30).

Anschließend folgt der Refrain, der im Laufe des Gedichts noch vier weitere Male vorkommt. Ins Deutsche kann man den Refrain folgendermaßen übersetzen:

„Que es mi barco mi tesoro,   *„Mein Schatz ist mein Schiff,*
es mi Dios la libertad,   *mein Gott ist die Freiheit,*
mi ley la fuerza y el viento,   *mein Gesetz ist der Wind,*
mi única patria la mar" (vgl. V. 31-35)   *mein Vaterland das Meer."*

Anhand des Refrains wird ersichtlich, dass das Freiheitsgefühl den höchsten Wert für den lyrische Ich darstellt und keine einzige Religion für ihn eine Bedeutung hat. Somit ist der Pirat eine „lebendige Verkörperung der Freiheitsidee" (Neuschäfer 2006, S.254). Außerdem ist in dem Refrain scharfe Kritik an die zentralen bürgerlichen Werten wie Vaterland, Gesetz und Eigentum enthalten.

In der sechsten Strophe verspottet das lyrische Ich die Könige, die nur wegen einer handbreiten Erde (V.37 *„por un palmo más de tierra"*) Kriege führen. Zudem macht es sich über die Gesellschaft lustig, die sich an die Gesetze der Gesellschaft halten (vgl. V.35-40). Somit stellt das vitale und unerschrockene lyrische Ich eine „einzige Herausforderung des bürgerlichen Kleingeists, aber auch der Borniertheit der Potentaten" (Neuschäfer 2006, S.255) dar. Es verlacht die Konvention, die innerhalb einer Gesellschaft herrschen. Dadurch nimmt das lyrische Ich eine sehr provokante Grundhaltung gegenüber seiner Gesellschaft ein.

Auch in der siebten Strophe berichtet das lyrische Ich von seinen erfolgreichen Beutezügen (vgl. V.41-48). Nach der erneuten Wiederholung des Refrains folgen die neunte und die zehnte Strophe in denen das lyrische Ich betont, dass es kein anderes Schiff gibt, das es mit ihm aufnehmen kann, da es der König des Meeres ist (V.57 *„que yo soy el rey del mar"*). Zudem kann man anhand dieser Strophe erkennen, dass es auch frei von der Gewinnsicht und der Anhäufung seiner erbeuteten Schätze ist, da es das Erworbene mit seinesgleichen teilt und dadurch für Gleichheit sorgt (V.60ff. *„yo divido/ lo cogido/ por igual"*). In all den bisherigen Strophen wird die Freiheit jeglicher Art von dem lyrischen Ich verherrlicht.

8

Nach der dritten Wiederholung des Refrains folgen zwei weitere Strophen. Das lyrische Ich präsentiert eine unverschämte Selbstsicherheit und Unbekümmertheit, mit der es sich absichtlich über alle Strafandrohung hinwegsetzt. Dadurch ist es auch frei von Todesangst (V.78 *„qué es la vida?"*). Weder kümmert es sich um die Gesellschaft, die ihn ausgestoßen und zum Tode verurteilt hat noch verzichtet es auf sein eigenes Leben, das ihm nichts bedeutet, wenn es ihm nicht die absolute Freiheit zulässt. Ständig steht die Hervorhebung des Freiheitsgefühls im Vordergrund.

An den vorletzten Refrain schließen sich die zwei letzten Strophen an. In der fünfzehnten Strophe schildert es all die Geräusche, die sein Schiff umgeben als die beste Musik in seinen Ohren (V.88 *„son la música mejor"*). Durch die passende Wortwahl des Dichters kann der Leser dabei das Knarren der Takelage durch die Lautmalerei selbst vornehmen.

Die vorletzte Strophe macht deutlich, dass es der Herrscher auf dem unendlichen Meer ist, mit dessen Naturgewalten es in vollständiger Harmonie lebt. Es fühlt sich vollkommen geborgen und kann trotz Donner und Wind seelenruhig schlafen (vgl. V.94-101).

Das Gedicht endet mit einer erneuten Wiederholung des Refrains (vgl. V.103-106).

4.2 Metrische Analyse

Nach seiner metrischen Struktur kann das Gedicht in zwei Gruppierungen unterteilt werden und zwar sowohl in eine Einleitung, die aus den ersten beiden Strophen besteht (V.1-16) als auch in einen Hauptteil, dem eigentlichem Lied des Piraten (V.17-106).

Die ersten beiden Strophen bestehen aus zwei achtzeiligen Strophen aus Achtsilbern (octasílabos) mit dem Reimschema abbécddé, das bedeutet mit zwei reimlosen Versen in der ersten fünften Verszeile. Dabei handelt es sich um *eine octavilla* (Kursverse), die aufgrund ihrer italienischen Herkunft *octavilla italiana* oder aufgrund der agudo-Ausgänge in Vers vier sowie acht ebenfalls als *octavilla aguda* bezeichnet wird (Baehr 1962, S.35ff.). Aus der metrischen Perspektive betrachtet, lässt sich der Hauptteil in fünf ähnliche Untergruppen einteilen, die jeweils aus drei identisch komponierten Strophen existieren, wobei die letzte Strophe jeweils wiederholt wird und somit einen Refrain abbildet. Die jeweils erste Strophe besteht aus einem sechszeiligen Achtsilbern (*sextina*) mit dem Reimschema abaccb, wobei der zweite Vers ein Halbvers (*pie quebrado agudo*) ist. Die jeweils zweite Strophe hingegen wiederholt die metrische Struktur der beiden Eingangsstrophen allerdings mit dem

9

Unterschied, dass die Verse ausschließlich aus Viersilbern besteht (*octavilla italiana en tetrasílabos*) (ebd.).

Der Refrain hingegen besteht aus vier reimlosen achtsilbigen Versen (cuarteta octosílaba), in dem sich die *llano*- und *agudo* Ausgänge jeweils abwechseln. In diesem kommt fünfmal in Folge das soziale Aufbegehren des Piraten zum Ausdruck, mit dessen Figur sich Espronceda wohl identifiziert.

In diesem Gedicht wird im Gegensatz zu der abstrakten und rhetorischen Lyrik der Aufklärung nicht in Versform über das Thema der Freiheit philosophiert (Gedankenlyrik), sondern vielmehr von dem lyrischen Ich das Freiheitsbedürfnis als konkrete und persönliche Erfahrung erlebt (Erlebnislyrik). Durch diese Dichtung konnte das Gedicht einen enormen Erfolg bei einer breiten Leserschaft erzielen (Stenzel 2010, S.210).

Charakteristische Merkmale für die Romantik lassen sich ebenfalls in der metrischen Struktur des Gedichts aufweisen. Besonders auffallend ist dabei die abwechslungsreiche Strophen- sowie Versform. Die Polymetrie, welche die Verwendung unterschiedlicher metrischer Formen beschreibt, stellt ein zentrales Merkmal der romantischen Dichtung dar. Dadurch entfernt sie sich bewusst von der isometrischen Form, die eine einheitliche metrische Form des Neoklassizismus darstellt. Die Romantik kennzeichnet sich im metrischen Bereich weniger durch die Erfindung und Bildung neuer Vers- und Strophenformen als durch die Wiederbelebung volkstümlicher, traditioneller Formen wie der *canción* sowie durch das Bilden vielfältiger Kombinationsmöglichkeiten. Somit gelingt ihr die Dichtung von den strengen einengenden Reglementen der neoklassizistischen Poetik zu befreien (Stenzel 2010, S.219).

Der dauerhafte Wechsel von Acht- und Viersilbern und die fünfmalige Wiederholung des für das Lied charakteristischen Refrains bewirken, dass dem Gedicht ein äußerst lebendiger Rhythmus und ein hohes Tempo verliehen wird. Diese bekommen erst dadurch eine ästhetische Qualität, da sie vollkommen mit dem inhaltlichen Kontext der über das windgepeitschte Meer dahinfliegenden Piratenschiff übereinstimmen. Zudem benutzt Espronceda vor allem in den ersten beiden Eingangsstrophen andere Stilmittel, um die Gleitbewegungen des Schiffs sprachlich bildlich darzustellen. Zum Beispiel durch die Verwendung der Alliteration in der ersten Strophe (V.2ff. „*viento, vela, vuela, velero*") sowie durch die häufige Nutzung des stimmhaften Konsonanten v und l (Stenzel 2010, S.220).

Sowohl in sprachlich-stilistischer als auch in inhaltlicher Hinsicht weist das Gedicht große Einfachheit und Verständlichkeit auf. Somit stellt sich Espronceda in einen bewussten Gegensatz sowohl zu der komplexen Syntax und Rhetorik sowie den oft nur schwer nachvollziehbaren Gedankengängen barocker Dichtung als auch zu abstrakten, philosophisch-moralischen Reflexionen der lyrischen Texte des Neoklassizismus. Bei der *canción del pirata* handelt es sich um eine volkstümliche Dichtung, die auch den einfachen Leser anspricht. Dadurch bekommt das Gedicht eine ausgesprochene demokratische Note, wie sie für die politische und literarische Konzeption der revoltierenden Romantiker um Espronceda typisch ist.

5. Fazit

El romanticismo surgió en Europa a finales del siglo XVIII y comienzo en el siglo XIX. Sin embargo, por razones políticas, el romanticismo comienza en España relativamente tarde en comparación con el resto de Europa.

Es un movimiento revolucionario y se caracteriza por la sensibilidad emocional y la subjetividad. Además, es una corriente literaria que rechaza las normas y las orientaciones de la época clásica y neoclásica de finales del siglo XVIII. Debido a los acontecimientos de la guerra de independencia, el estado de ánimo de los románticos está marcado por la rebelión, la frustración y la desesperación. El típico héroe romántico es el que está en contradicción con la sociedad circundante (Stenzel 2011, S.203).

Entre los autores más representativos del romanticismo se destaca José de Espronceda. Considerando la elaboración se puede observar que el autor es muy rebelde y así crea los personajes de sus obras. Analizando el contenido del poema Canción del Pirata queda claro que el protagonista es un representante romántico de la libertad y la rebelión. Según Neuschäfer, el pirata es una encarnación viva de la idea de libertad, no solo política, sino también personal y existencial. Esto puede ser explicado, por ejemplo, por la ausencia de miedo del pirata ante la muerte o porque comparte sus pesos, asegura la igualdad y, por lo tanto, no es codicioso. Además, el protagonista está libre de restricciones de cualquier tipo, ya que es el soberano del mar sin límites y no tiene que obedecer a ninguna ley que se le imponga. Asimismo, el estribillo muestra que el sentimiento de libertad es valor más importante para el pirata (Neuschäfer 2006, S.254f.).

Los rasgos característicos del romanticismo se pueden encontrar en la estructura métrica del poema porque hay una forma que presenta una variedad de estrofas y versos. La polimetría, que describe el uso de diferentes formas métricas, es un rasgo central de la poesía romántica y se tiene en cuenta en este poema. Además, Espronceda no utiliza metáforas difíciles o pensamientos abstractos, para que todos puedan entender su poema. Por lo tanto, lo escribe con un lenguaje popular. La repetición del estribillo cinco veces es signo de poesía tradicional. (Neuschäfer 2011, S.109).

En resumen, se puede demostrar que el poema Canción del Pirata es típicamente romántico porque presenta muchas características del movimiento literario en cuestión.

6. Bibliographie

- Antón Andrés, Ángel (1961): Geschichte der spanischen Literatur. Vom 18. Jahrhundert bis zur Gegenwart. München: Hueber.

- Baehr, Rudolf (1962): Spanische Verslehre auf historischer Grundlage. Tübingen: Niemeyer.

- Kreutzer, Winfried (1991): Spanische Literatur des 19. und 20. Jahrhunderts in Grundzügen. 2. Auflage, Darmstadt: Wiss. Buchges..

- Lope, Hans-Joachim (1991): Die Literatur des 19. Jahrhunderts. In: Strosetzki, Christoph (Hrsg.): Geschichte der spanischen Literatur. Tübingen: Niemeyer, S. 281-321.

- Neuschäfer, Hans-Jörg (2006): Das 19. Jahrhundert. In: Neuschäfer, Hans-Jörg (Hrsg.): Spanische Literaturgeschichte. 3. Auflage, Stuttgart: J.B. Metzler, S.231-314.

- Neuschäfer, Hans-Jörg (2011): José de Espronceda: Canciones (1835/40). Politische Lyrik in der spanischen Romantik. In: Neuschäfer, Hans-Jörg (Hrsg.): Klassische Texte der spanischen Literatur. 25 Einführungen vom Cid bis Corazón tan blanco. Stuttgart: J.B. Wetzler.

- Stenzel, Hartmut (2010): Einführung in die spanische Literaturwissenschaft. 3. Auflage, Stuttgart: J.B. Metzler.

- Strosetzki, Christoph (2010): Einführung in die spanische und lateinamerikanische Literaturwissenschaft. 2. Auflage, Berlin: Schmidt.

7. Anhang

José de Espronceda

CANCIÓN DEL PIRATA

Con diez cañones por banda,	1
viento en popa, a toda vela,	
no corta el mar, sino vuela un velero bergantín:	
bajel pirata que llaman,	
por su bravura, el Temido,	5
en todo mar conocido	
del uno al otro confín.	

La luna en el mar rïela,
en la lona gime el viento,   10
y alza en blando movimiento
olas de plata y azul:
y ve el capitán pirata,
cantando alegre en la popa,
asia a un lado, al otro Europa,   15
y allá a su frente Stambul.

«Navega velero mío
sin temor,
que ni enemigo navío,
ni tormenta, ni bonanza   20
tu rumbo a torcer alcanza
 ni a sugetar tu valor.

Veinte presas
hemos hecho
a despecho   25
del inglés.
Y han rendido
sus pendones
cien naciones
a mis pies.   30

Que es mi barco mi tesoro,
es mi Dios la libertad,
mi ley la fuerza y el viento,
mi única patria la mar.

Allá muevan feroz guerra
ciegos reyes
por un palmo más de tierra;
que yo aquí tengo por mío
cuanto abarca el mar bravío
a quien nadie impuso leyes.

    Y no hay playa,
    sea cual quiera,
    ni bandera
    de esplendor,
    que no sienta
    mi derecho,
    y dé pecho
    a mi valor.

Que es mi barco mi tesoro,
que es mi Dios la libertad,
mi ley la fuerza y el viento,
mi única patria la mar.

A la voz de ¡barco viene!
es de ver
cómo vira y se previene
a todo trapo a escapar.
Que yo soy el rey del mar
y mi furia es de temer.

    En las presas
    yo divido
    lo cogido
    por igual:
    sólo quiero
    por riqueza
    la belleza
    sin rival.

Que es mi barco mi tesoro,
es mi Dios la libertad,
mi ley la fuerza y el viento,
mi única patria, la mar.

¡Sentenciado estoy a muerte!
Yo me río:
no me abandone la suerte
y al mismo que me condena
colgaré de alguna entena
quizá en su propio navío.

Y si caigo,
¿qué es la vida?
por perdida
ya la di,   80
cuando el yugo
del esclavo
como un bravo
sacudí.

Que es mi barco mi tesoro,   85
que es mi Dios la libertad,
mi ley la fuerza y el viento,
mi única patria la mar.

Son mi música mejor
aquilones,   90
el estrépito y temblor
de los cables sacudidos,
del negro mar los bramidos
y el rugir de mis cañones

Y del trueno   95
al son violento,
y del viento
al rebramar,
yo me duermo
sosegado,   100
arrullado
por el mar

Que es mi barco mi tesoro,
que es mi Dios la libertad,
mi ley la fuerza y el viento,   105
mi única patria, la mar.